AF803827

# MAX HIRSCH
(1832–1905)

JÜDISCHE MINIATUREN
Herausgegeben von Hermann Simon

Band 141 MAX HIRSCH

Alle »Jüdische Miniaturen« sind auch im Abonnement beim Verlag erhältlich.

Die Deutsche Nationalbibliothek verzeichnet diese Publikation in der Deutschen Nationalbibliografie; detaillierte Daten sind im Internet über https://portal.d-nb.de/ abrufbar.

© 2013 Hentrich & Hentrich Verlag Berlin
Inh. Dr. Nora Pester
Wilhelmstraße 118, 10963 Berlin
info@hentrichhentrich.de
http://www.hentrichhentrich.de

Korrektorat: Regine Glaß
Satz: Barbara Nicol
Druck: Winterwork, Borsdorf

1. Auflage 2013
Alle Rechte vorbehalten.
Printed in Germany
ISBN 978-3-942271-96-7

WOLFGANG AYASS

# MAX HIRSCH

## SOZIALLIBERALER GEWERKSCHAFTSFÜHRER UND PIONIER DER VOLKSHOCHSCHULEN

HENTRICH & HENTRICH

CENTRUM JUDAICUM

# Inhalt

# Vorbemerkung

An Max Hirsch, den 1905 im Alter von 72 Jahren gestorbenen Mitbegründer und jahrzehntelangen Anführer der linksliberalen »Hirsch-Dunckerschen Gewerkvereine«, erinnert heute nicht mehr viel. Die deutsche Gewerkschaftsbewegung sieht ihre Vorgänger in den sozialistischen »freien« Gewerkschaften, die Hirsch-Dunckerschen Gewerkvereine dagegen als in den Einheitsgewerkschaften nach dem Zweiten Weltkrieg glücklich überwundene gegnerische »Spalterorganisationen«. Max Hirsch und seine Gewerkvereine gehören aus dieser Sicht zu den Verlierern der Geschichte.
Ganz vergessen ist Max Hirsch jedoch nicht, er wird in größeren Veröffentlichungen zur Geschichte der deutschen Arbeiterbewegung bzw. der Sozialpolitik durchweg zumindest erwähnt, Arbeiten zur frühen Gewerkschaftsgeschichte sehen in ihm sogar einen wichtigen Akteur.[1] In vielen Bänden der *Quellensammlung zur Geschichte der deutschen Sozialpolitik 1867 bis 1914* spielt er eine zentrale Rolle. Gleichwohl existiert bisher – jenseits vielfältiger Aufnahme in biographische Lexika – keine eigenständige Biographie über Max Hirsch, sieht man von einer schon zu seinen Lebzeiten erschienenen, stark verklärenden Schrift eines den Gewerkvereinen nahestehenden Lehrers ab.[2]

Diese »Jüdische Miniatur« soll die Lücke ein wenig schließen und auch das heute kaum bekannte Engagement Hirschs in der Erwachsenenbildung und in der Friedensbewegung beleuchten.
Max Hirsch war ein sozialpolitischer Vordenker, der sich als Alternative sowohl zu den Sozialdemokraten als auch zum »Staatssozialismus« Bismarcks verstand. In heutigen sozialpolitischen Debatten hätte es Max Hirsch leichter als zu Lebzeiten. Tarifautonomie und Mitbestimmung, Sozialpartnerschaft und bürgerliches Engagement, Selbstverantwortung und schlanker Staat, in diesem modernen Diskurs wäre Max Hirsch in seinem ureigensten Element, wenngleich der deutsche Sozialstaat mit der obligatorischen Sozialversicherung als Kern bis heute weit mehr von Bismarck'scher Staatshilfe geprägt ist als von autonomen Selbsthilfeorganisationen, wie sie Max Hirsch vorschwebten. Die in der emanzipatorischen Selbsthilfe des mündigen Bürgers verankerten Grundpositionen des linksliberalen Gewerkschaftsführers könnten allerdings heute wohl kaum mehr als naive »Harmonieduselei« abgetan werden.

# Herkunft und Familie

Für Dezember 1832 verzeichnet das Geburtsregister der jüdischen Gemeinde Halberstadt: »Den dreißigsten Dec[em]ber mo[r]gens ist dem Kaufmann Alexi Hirsch von seiner Frau Brünette geb. Meyr Ihlberg ein Sohn geboren namens Meyr oder Max.«[3]

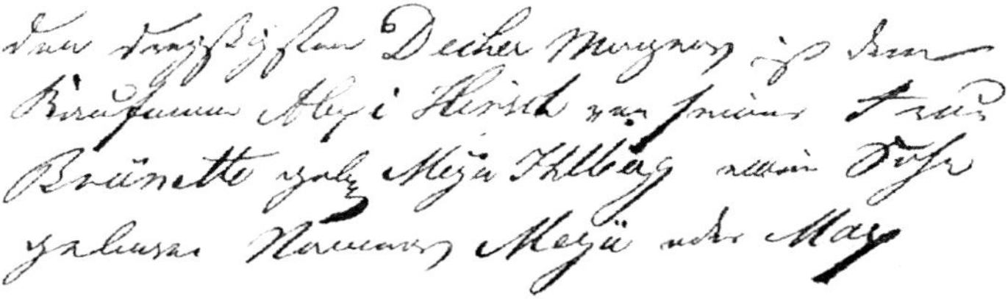
den dreißigsten Decber morgens ist dem
Kaufmann Alexi Hirsch von seiner Frau
Brünette geb. Meyr Ihlberg ein Sohn
geboren namens Meyr oder Max

*Geburtseintrag von Max Hirsch in Halberstadt*

Der Vater Alexi Hirsch wurde 1801 in Harzgerode geboren, einer etwa zwanzig Kilometer südlich von Halberstadt mitten im Harz liegenden Kleinstadt. Spätestens 1826 kam er nach Halberstadt, wo er ab 1828 als selbstständiger Handschuhfabrikant tätig war. Dieses Gewerbe war in Halberstadt recht bedeutend. Halberstadt liegt nördlich des Harzes und gehörte zum preußischen Regierungsbezirk Magdeburg. Die Stadt hatte damals gut 17.000 Einwohner, darunter waren etwa 300 Juden.

Die Mutter Brünette, geb. Ilberg (1808–1872), wurde in Nordhausen am südlichen Harzrand geboren, wo ihr Vater Meyer Abraham Kaufmann war. Dieser stammte aus dem etwa zehn Kilometer nördlich liegenden Wiegersdorf (heute zu Ilfeld gehörig) und hatte 1808 – als erster seit dem Mittelalter in Nordhausen als Bürger aufgenommener Jude – den Namen Ilberg angenommen.

Die Handschuhfabrik von Alexi Hirsch ging Ende der 1830er Jahre bankrott. 1839 zog die Familie von Halberstadt in das etwa 60 Kilometer entfernte Magdeburg, der Hauptstadt der preußischen Provinz Sachsen. Der Handels- und Umschlagsplatz Magdeburg hatte zu dieser Zeit bereits über 50.000 Einwohner. In Magdeburg sah der sechsjährige Max Hirsch auf der Elbe die ersten Raddampfer der »Magdeburgischen Dampfschifffahrts-Gesellschaft« und konnte die brandneue Eisenbahn der Strecke Magdeburg–Leipzig bewundern. Magdeburgs Industrialisierung setzte gerade ein.

Nachdem der Vater in Magdeburg einige Zeit als Buchhalter in einem »Spritgeschäft« gearbeitet hatte, eröffnete er 1842 in der Tischlerbrücke 13 die Firma »Alexi Hirsch, Spiritus- und Landesprodukten-Commissionshandel«.

Max Hirsch hatte drei Geschwister, die drei Jahre ältere Schwester Emilie (1829–1898), den zehn Jahre jüngeren Bruder Gottfried (1842–1883) und die 14 Jahre jüngere Schwester Pauline (1846–1904).[4] Der langjährige Rabbiner von Magdeburg Ludwig Philippson (1811–1889), ein weit über Magdeburg hinaus bekannter jüdischer Publizist und Gründer der *Allgemeinen Zeitung des Judenthums*, war ein – angeheirateteter – Cousin von Max Hirsch.[5]

## Schule und Studium

Max Hirsch besuchte in Magdeburg von 1842 bis 1850 das Domgymnasium, zuvor war er in Halberstadt in die dortige Bürgerschule gegangen und hatte dann in Magdeburg eine Vorbereitungsschule besucht. Direkt nach dem Abitur begann er in Tübingen zu studieren.[6] Zunächst betrieb er dort kein auf einen bestimmten Beruf ausgerichtetes Fachstudium, sondern besuchte Vorlesungen in recht verschiedenen Gebieten. Bei Alois Hohl hörte er Höhere Mathematik, bei Karl von Vierordt Physiologie. Bei dem linken Paulskirchen-Abgeordneten Friedrich Theodor Vischer belegte er Ästhetik, bei dem Theologen Karl Schwegler historische Philosophie. Bei dem jüdischen außerordentlichen Professor Leopold Pfeiffer besuchte er eine Vorlesung über Römisches Recht. Zusätzlich belegte er noch einen Kurs in Arabisch. Außerdem studierte er bei dem Nationalökonomen Johann von Helferich und hörte bei einem weiteren Paulskirchen-Abgeordneten, dem liberalen Professor für Statistik und Politische Geschichte Johannes Fallati, eine Vorlesung über »Sozialismus und Kommunismus«.

Anschließend studierte er drei Semester an der Universität Berlin, wo er sich für Jura und Kameralistik einschrieb. Bei dem Statistiker Wilhelm Dieterici hörte er »Polizeiwissenschaft« (das war die Lehre von der inneren Ordnung des Gemeinwesens) und belegte kameralistische Praktika. Intensiver waren die Studien bei dessen Sohn, dem Arabisten Friedrich Dieterici, der in Berlin kurz zuvor außerordentlicher Professor geworden war. Bei ihm belegte Max Hirsch insgesamt vier Übungen in persischer und arabischer Sprache und bei einem anderen Dozenten außerdem noch Türkisch. Bei dem berühmten Juristen Friedrich Julius Stahl hörte er u.a. Rechtsphilosophie, bei August Wilhelm Heffter Völkerrecht, bei einem Privatdozenten außerdem noch Geschichte der neueren Philosophie. Zwei weitere Semester folgten in Heidelberg. Auch hier schrieb sich Max Hirsch für Kameralistik und Jura ein. Zu seinen akademischen Lehrern gehörten hier der Staatswissenschaftler und liberale badische Landespolitiker Karl Rau und der nicht weniger berühmte Staatswissenschaftler Robert von Mohl. Hirsch beendete schließlich sein Studium im

DE

# MACHINARUM VI

IN QUANTITATEM PRODUCTIONIS.

## DISSERTATIO INAUGURALIS

POLITICO - OECONOMICA

QUAM

CONSENSU ET AUCTORITATE

**AMPLISSIMI PHILOSOPHORUM ORDINIS**

IN

ALMA LITERARUM UNIVERSITATE
GRYPHISWALDENSI

PRO SUMMIS

IN PHILOSOPHIA HONORIBUS

RITE IMPETRANDIS

DIE XVIII. MENSIS APRILIS ANNI MDCCCLV

PUBLICE DEFENDET

AUCTOR

**MAXIMILIANUS HIRSCH**

SAXO - BORUSSUS.

OPPONENTIBUS:

**WETZEL,** REFERENDARIUS.
**AUG. SIG. SCHULTZE,** CAND. IUR. ET CAM.
**THEOD. LEMKE,** STUD. MED.

**GRYPHIAE,**

TYPIS FRID. GUIL. KUNIKE, REG. ACAD. TYPOGR.

MDCCCLV.

*Titelblatt der Dissertation*

Wintersemester 1854/1855 in Berlin.[7] Zu diesem Zeitpunkt war er erst 22 Jahre alt.
Im Frühjahr 1855 wurde Hirsch an der Universität Greifswald promoviert, wo er nicht studiert hatte. Thema der politökonomischen Dissertation war der Einfluss von Maschinen auf die Volkswirtschaften. Die 37 Druckseiten umfassende, lateinisch abgefasste Dissertation mit dem Titel *De machinarum vi in quantitatem productionis* wurde nach einem positiven Gutachten des Staats- und Kameralwissenschaftlers Eduard Baumstark mit der Bestnote »summa cum laude« bewertet. Der nationalökonomische Teil der mündlichen Doktorprüfung des Getreidehändlersohns begann übrigens kulanterweise mit der Frage nach der Entstehung der – Getreidepreise.[8]

## »Privatisieren«

Bereits während des Studiums reiste Hirsch ausgiebig durch Baden, den Elsass, die Schweiz, Italien, Österreich und Sachsen. Bald nach der Promotion brach er 1855/56 zu einer mehrmonatigen Reise nach Frankreich und Algerien auf. Max Hirsch dürfte hierzu von seinem Berliner Orientalistikprofessor Friedrich Dieterici angeregt worden sein, der 1853 über seine Arabienreisen *Reisebilder aus dem Morgenlande* veröffentlicht hatte. In Algerien selbst hielt sich Hirsch nur knapp vier Wochen auf. Per Pferde- und Maultierkarawane ritt Hirsch zusammen mit drei europäischen Reisebegleitern und einheimischen Führern von Algier bis zum am Rande der Sahara liegenden Biskra. Von dort aus ritt er zur Hafenstadt Skikda.

Bald nach seiner Rückkehr veröffentlichte Hirsch 1857 eine kurze *Skizze der volkswirthschaftlichen Zustände von Algerien*, was nach der Dissertation seine einzige (im engeren Sinn) nationalökonomische Veröffentlichung blieb.

Nach der Algerienreise »privatisierte« Hirsch zunächst mehrere Jahre in Göttingen und Breslau, was bei einem nicht einmal 25-jährigen Kaufmannssohn wohl hieß, dass er vom Geld seiner Eltern lebte. Eine angestrebte Habilitation in Staatswissenschaften scheiterte nach Hirschs Angaben angeblich an »Kränklichkeit«.[9]

Ende der 1850er Jahre war er einige Zeit in Leipzig und Berlin als Volontär im Verlagsbuchhandel tätig.
1861 machte sich der mittlerweile 31-Jährige mit einem Buch- und Zeitungsverlag selbstständig. Er gründete durch Ankauf eines Teils der Konkursmasse des Frankfurter Verlags Meidinger Sohn & Co den »Verlag von Max Hirsch« und überführte diesen nach Berlin. Im eigenen Verlag erschien nun auch – mit sechsjähriger Verspätung – Hirschs 400 Druckseiten starker Bericht *Reise in das Innere von Algerien, durch die Kabylie und Sahara*.
Neben einer Reihe von Neuauflagen aus dem Programm des erworbenen Verlags – vorwiegend medizinische Lehrbücher – gab Hirsch nur wenige Bücher neu heraus, darunter den Gedichtband *Frauenherz* der Frauenrechtlerin Luise Büchner, ein anonymes Traktat eines Medizialbeamten mit dem Titel *Glossen zu den preußischen Strafgesetzen gegen Medicinalpersonen*[10] und einen Band *Die deutsche Geschichte in Bildern*, der Zeichnungen des Historienmalers Adolf Schmitz enthielt.
In die Zeit der Gründung des »Verlags von Max Hirsch« fiel der Beginn seiner politischen Tätigkeit. Ab April 1862 gab Hirsch in Berlin in seinem Verlag die demokratische Zeitschrift *Der Fortschritt. Allgemeines Wochenblatt für Stadt und Land* heraus, für die der jüdische Journalist Ludwig Walesrode verantwortlich zeichnete.

*»Jugend«-Foto Max Hirsch*

## Wieder in Magdeburg

Das Berliner Zwischenspiel war bald beendet. Im November 1862 starb der Vater Alexi Hirsch im Alter von 61 Jahren. Max Hirsch übernahm das florierende Landesproduktengeschäft des Vaters, das sich seit einiger Zeit im Breiten Weg befand, Magdeburgs Hauptgeschäftsstraße.[11] Er wurde im Handelsregister als einziger Inhaber eingetragen, der jüngere Bruder Gottfried befand sich noch in der Lehre. Damit wurde Magdeburg für ein halbes Jahrzehnt wieder zu seinem Lebensmittelpunkt, seinen Berliner Verlag verkaufte Max Hirsch an die Grotesche Verlagsbuchhandlung.
Magdeburg war mittlerweile zu einem überregionalen Industrie-, Verkehrs- und Handelszentrum, aber auch zum Zentrum des Zuckerhandels geworden. In den Vorstädten der Festungsstadt und im Umland waren neben Rohzuckerfabriken auch bedeutende Maschinenfabriken, insbesondere für Dampfmaschinen, entstanden. Magdeburg war außerdem Umschlagplatz des Kornhandels aus dem Harzvorland und des Zuckerrübenanbaus der Magdeburger Börde.
1863 heiratete Max Hirsch in Magdeburg die 18-jährige Agathe Finkelstein (1845–1934), seine jüngste Schwester Pauline sollte dann zehn Jahre später deren Bruder Berthold Finkelstein (1844–1931) heiraten, einen promovierten Chemiker aus Leipzig. Die mit 13 Kindern

auch für damalige Verhältnisse überaus kinderreiche jüdische Kaufmannsfamilie Finkelstein war Mitte der 1850er Jahre aus dem galizischen Brody nach Leipzig übergesiedelt.[12] Der Vater Jsaiah Finkelstein (1806–1870) war Kaufmann und schrieb nebenbei auch Komödien in jiddischer Sprache. Brody liegt heute in der West-Ukraine. Damals war es eine nordöstliche Grenzstadt Österreich-Ungarns zum russischen Kaiserreich mit knapp 20.000 Einwohnern und galt bei einem jüdischen Bevölkerungsanteil von über 80 Prozent als die jüdischste Stadt der Doppelmonarchie. Sowohl Ehefrau Agathe als auch der Schwager Berthold hatten ihre Kindheit noch in Brody verbracht.

Der erste Sohn von Agathe und Max Hirsch, Mordechai, starb 1864 zwei Tage nach der Geburt. 1865 folgte die Tochter Alice, 1867 und 1869 die Söhne Karl und Ludwig.[13]

Parallel zu seiner Tätigkeit als Großhändler entwickelte Hirsch in Magdeburg eine rege politische Vereinstätigkeit und war offener Anhänger der linksliberalen Fortschrittspartei, für die er als Redner auftrat. Der Deutschen Fortschrittspartei, die sich ab 1884 Deutsche Freisinnige Partei bzw. nach einer Spaltung in der einen Linie ab 1893 Freisinnige Volkspartei nannte, blieb Hirsch sein gesamtes Leben treu, ohne allerdings je zum inneren Führungszirkel zu gehören. Er blieb Außenseiter im eigenen Lager.

Ab 1863 leitete Max Hirsch in Zusammenarbeit mit dem freireligiösen Pastor Leberecht Uhlich (1799–1872) den mitgliederstarken Magdeburger Arbeiterbildungsverein. Außerdem initiierte er in Magdeburg eine Vorschusskasse und gründete 1864 den »Neuen Consumverein«, beides Aktivitäten, die die wirtschaftliche Selbstständigkeit von Arbeitern, Handwerkern und kleinen Gewerbetreibenden fördern sollten. Anfang 1865 gründete Max Hirsch auch einen regionalen Gauverband der Arbeiterbildungsvereine, der zwei Jahre später zehn Vereine umfasste. 1864 bis 1867 war er Mitglied im Ständigen Ausschuss des Vereinstags Deutscher Arbeitervereine, gehörte somit zum engeren Kreis der Anführer der entstehenden Arbeiterbewegung. Im Oktober 1867 unterlag Hirsch auf dem Geraer Vereinstag Deutscher Arbeitervereine dem Vorsitzenden des Leipziger Arbeiterbildungsvereins und späteren sozialdemokratischen Parteiführer August Bebel bei der Vorstandswahl.

Im Frühjahr 1865 unterstützte Hirsch auf Veranlassung des Ständigen Ausschusses des Verbands Deutscher Arbeitervereine die Tuchmacher der Kleinstadt Burg bei Magdeburg bei einem langwierigen Streik. Er wurde deswegen zusammen mit den streikenden Arbeitern angeklagt, zu einer Verurteilung kam es jedoch nicht, vielmehr wurde Hirsch in zwei Instanzen freigesprochen.[14] Ankläger war übrigens der spä-

ter berüchtigte Sozialistenverfolger Hermann Tessendorf, der in Burg kurz zuvor seine Karriere als Staatsanwalt begonnen hatte.
In Max Hirschs politischer Tätigkeit trat zu den urliberalen Themen Volksbildung und genossenschaftlicher Selbsthilfe nun das in der Folge für ihn zentrale Thema Gewerkschaften.

## Gründer der Gewerkvereine

Im Herbst 1867 siedelte Max Hirsch mit Mutter, Schwester Pauline, der Ehefrau Agathe und den Kindern Alice und Karl erneut und endgültig nach Berlin um, wo bereits seine Schwester Emilie lebte, die Mitte der 1850er Jahre in die Bankiersfamilie Grelling eingeheiratet hatte. Auch Bruder Gottfried, der nun das Großhandelsgeschäft übernommen hatte, verlegte seinen Geschäftssitz nach Berlin. »Gottfried Hirsch & Co. Spiritus-, Öl- und Getreide-Kommissionsgeschäft« bestand jedoch nur bis zum frühen Tod des Bruders im Jahr 1883. In Magdeburg existierte die Firma »Alexi Hirsch« unter dem Kaufmann Julius Höndorf, der schon 1867 Teilhaber und etwa zehn Jahre später dann alleiniger Inhaber geworden war, noch bis 1909 unter dem Namen ihres Gründers.
Im Juli und August 1868 reiste Max Hirsch (wie er

später schrieb »aus eigenem Antrieb und auf eigene Kosten«[15]) für mehrere Wochen nach England und Schottland. Er besuchte dort die Städte London, wo der Schwager Berthold Finkelstein als Chemiker arbeitete, Ilfracombe, Birmingham, Manchester, Rochdale und Glasgow. In der von Franz Duncker (1822–1888) herausgegebenen auflagenstarken Berliner *Volkszeitung* berichtete er von Ende Juli bis Mitte Oktober in einer vielbeachteten 24-teiligen Artikelserie unter dem Titel *Soziale Briefe aus England* über die industriellen Verhältnisse und insbesondere über die dort bestehenden Genossenschaften und Trade Unions.[16]

Unmittelbar nach der Rückkehr Hirschs nach Berlin im September 1868 überschlugen sich in der entstehenden Gewerkschaftsbewegung die Ereignisse. In rascher Folge entstanden im Herbst 1868 die dem lassalleanischen Allgemeinen Deutschen Arbeiterverein verbundenen »Arbeiterschaften«, die aus dem Vereinstag Deutscher Arbeitervereine hervorgegangenen »Gewerksgenossenschaften« und schließlich die liberalen »Gewerkvereine«. Höhepunkt war dabei der spektakuläre Hinauswurf von Max Hirsch und seinen Anhängern, hauptsächlich der Fortschrittspartei nahestehende Berliner Maschinenbauer, aus einem vom Allgemeinen Deutschen Arbeiterverein (den »Lassalleanern«) einberufenen »Allgemeinen Arbeiterkongress«, dem bis dahin größten Kongress der deutschen Arbeiterbewegung.[17] Eine von Franz Duncker wenige Tage später, am 28. September 1868, geleitete »Allgemeine Arbeiterversammlung« in Berlin gilt als die Geburtsstunde der liberalen Gewerkschaftsbewegung in Deutschland, der – wie sie sich bisweilen auch selbst nannten – »Hirsch-Dunckerschen Gewerkvereine«. Max Hirsch legte auf dieser Versammlung *Grundzüge zur Organisation von Gewerkvereinen* vor.[18] Ein Jahr später wurde der Verband der Deutschen Gewerkvereine gegründet. Max Hirsch ließ sich zum »Anwalt« der Gewerkvereine wählen, eine Bezeichnung, die Hermann Schulze-Delitzsch auch im »Allgemeinen Verband der auf Selbsthilfe beruhenden Deutschen Erwerbs- und Wirtschaftsgenossenschaften« führte. Faktisch war Hirsch geschäftsführender Vorsitzender.[19] Diese Position behielt Hirsch bis zu seinem Tod. Er übte diese Tätigkeit bis 1877 noch ohne geregelte Besoldung aus. Hirsch wurde Gründer, Herausgeber und bis 1873 auch Redakteur des wöchentlich erscheinenden Verbandsorgans *Der Gewerkverein.*

Hirsch war der intellektuelle Kopf und Organisator der liberalen Gewerkvereine, deren Aufbau und Erhaltung zu seinem Lebenswerk wurde. Mitgründer Franz Duncker hielt sich aus der täglichen Gewerkvereinsarbeit weitgehend heraus, gab allerdings insbesondere in den Anfangsjahren über seine *Volkszeitung* publizistische Schützenhilfe.

*Plakette der Gewerkvereine*

Im Alter von 35 Jahren hatte Max Hirsch seine Lebensaufgabe gefunden. Von nun an war er nicht mehr ein politisch aktiver Kaufmann, sondern hauptamtlicher Gewerkschaftsführer und Berufspolitiker. Hirsch, der als großer stattlicher Mann mit dunklen Augen und schwarzem Vollbart beschrieben wurde, lebte in Berlin zunächst ziemlich zentral in der Eichhornstraße 9, zog dann jedoch im Laufe der Zeit vielfach um, die letzten Jahrzehnte lebte er im Stadtteil Tiergarten, zuletzt in der Genthiner Straße 14 unweit des Landwehrkanals.

## Im Norddeutschen Reichstag

Im Frühjahr 1869 betrat Hirsch die parlamentarische Bühne.[20] Im sächsischen Wahlkreis Plauen musste aufgrund einer Mandatsniederlegung eine Nachwahl für den Reichstag des Norddeutschen Bundes stattfinden. Max Hirsch kandidierte und redete – bis dahin im Wahlkreis unbekannt – in mehreren Wahlversammlungen. Außerdem inserierte er ein die Freiheit preisendes »politisches Glaubensbekenntnis« im *Voigtländischen Anzeiger*.[21] Mit 3.877 zu 3.653 Stimmen siegte er knapp über einen einheimischen konservativen Rittergutsbesitzer. Doch der örtliche Wahlleiter stellte mit einiger Spitzfindigkeit fest, dass auf 965 Stimmzetteln statt »Schriftsteller Dr. Max Hirsch in Berlin« nur »Dr. Max Hirsch in Berlin« stand. Diese Stimmen seien »nicht zählbar«, weil, wie der eifrige Gerichtsamtmann ermittelt hatte, in Berlin zwei Dr. Max Hirsch gemeldet seien: »Dr. med. Max Hirsch wohnt Lützowstr. 32, Dr. phil. Max Hirsch wohnt Matthäikirchstraße. Letzterer bekannt durch politische Agitationen«, hatte das Berliner Polizeipräsidium auf Anfrage telegraphiert. Obwohl der politisch uninteressierte Arzt Max Hirsch weder in Plauen noch sonst irgendwo je kandidiert hatte, musste sich der Reichstag in einer längeren Plenardebatte mit der Wahlprüfung befassen.[22] Für Max Hirsch plädierten unter

anderem die liberalen Abgeordneten Hermann Schulze-Delitzsch, Eduard Lasker und Hans Victor von Unruh, mit dem Hirsch aus Magdeburg bekannt war. Am 12. April 1869 entschieden sich dann 102 Abgeordnete gegen 93 meist konservative Stimmen für die Anerkennung des Mandats für Max Hirsch.
Im Reichstag war gerade die zweite Lesung der Gewerbeordnung im Gang, damals das wichtigste sozialpolitische Gesetz. Max Hirsch griff sofort in die Debatte ein, plädierte für das völlige Verbot der Kinderarbeit in Fabriken und stellte einen – abgelehnten – Antrag auf Einführung eines Wöchnerinnenschutzes. In der Gewerbeordnung für den Norddeutschen Bund vom 21. Juni 1869 konnte der Parlamentsneuling sogar Spuren hinterlassen: Die Berechtigung zur fristlosen Kündigung bei lebensgefährlichen bzw. gesundheitsschädigenden Arbeiten (§ 112 Nr. 5 der Gewerbeordnung) ging auf einen Antrag Hirschs zurück. Weit bedeutender war allerdings eine Änderung bezüglich der Krankenkassen (§ 141 Abs. 2). Zusammen mit seinen Parteifreunden Franz Duncker und Hermann Schulze-Delitzsch konnte Hirsch erreichen, dass die Arbeiter ihre – ortsstatutarisch eventuell vorgeschriebenen – Krankenkassen frei wählen konnten, also freie Hilfskassen in Arbeiterselbstverwaltung ersatzweise zugelassen blieben.[23] Dies war und blieb eine der Kernforderungen der

Gewerkvereine. Neben der Koalitionsfreiheit bilde die Kassenfreiheit die Vorbedingung aller weiteren Fortschritte für die Arbeiter, schrieb Hirsch.[24]
Bald nach der Gründung der Gewerkvereine kam es zu einem – für die Gewerkvereine traumatischen – Streik der Bergarbeiter im niederschlesischen Waldenburg (heute: Wałbrzych, Polen).[25] Der wochenlange Streik zog sich von Anfang Dezember 1869 bis Mitte Januar 1870 und war mit 7.000 Streikenden der bis dahin größte Streik in Deutschland. Max Hirsch war wiederholt vor Ort und galt in der Öffentlichkeit als Streikführer. Kern des Konflikts war der Versuch der Bergwerksbesitzer, den gerade gegründeten Gewerkverein der Bergarbeiter wieder zu zerschlagen. Die Arbeiter sollten einen entsprechenden Austrittsrevers unterschreiben. Der Streik endete mit der völligen Niederlage des Gewerkvereins und trug vollends dazu bei, dass die Hirsch-Dunckerschen Gewerkvereine sich in der Folge jahrzehntelang von Streiks übervorsichtig, fast gänzlich fernhielten.

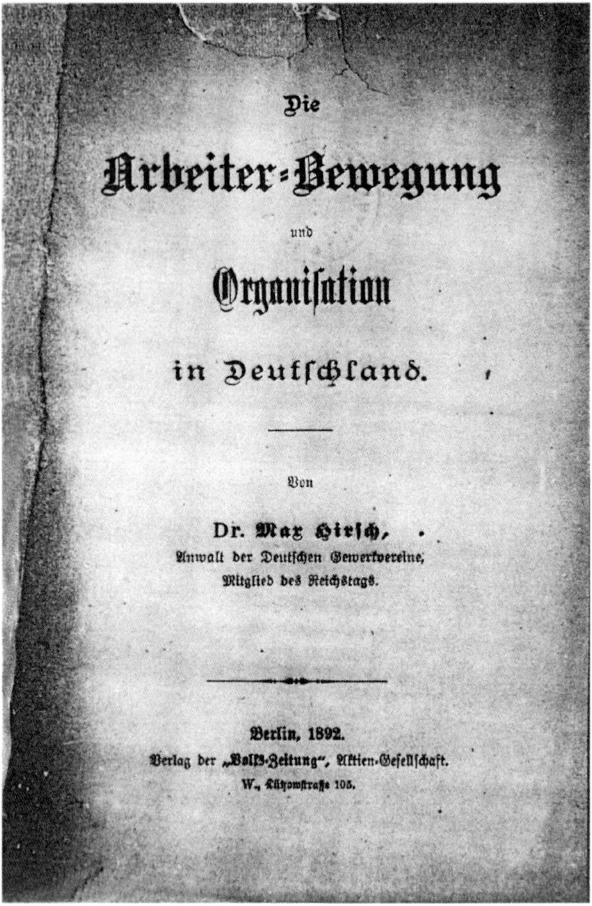

Die

Arbeiter-Bewegung

und

Organisation

in Deutschland.

Von

Dr. Max Hirsch,
Anwalt der Deutschen Gewerkvereine,
Mitglied des Reichstags.

Berlin, 1892.
Verlag der „Volks-Zeitung", Aktien-Gesellschaft.
W., Lützowstraße 105.

## Klassenversöhnung als Programm

Für den Liberalismus war und ist die Stärkung der Selbsthilfekräfte eine grundlegende Position. In der großen sozialpolitischen Auseinandersetzung »Staatshilfe oder Selbsthilfe« standen Hirsch und die Gewerkvereine auf der Seite der kollektiven Selbsthilfe, für die der Staat nur die äußeren Voraussetzungen, insbesondere freies Koalitions- und Berufsvereinsrecht, schaffen musste.[26] »Gerade wenn man die staatlichen Eingriffe in das Wirtschaftsleben möglichst beschränken will, muss man umso mehr den Selbstschutz der Arbeiter gegen die unleugbaren Missstände des Arbeitsverhältnisses und als einzig wirksames Mittel dieses Selbstschutzes die freie Berufsvereinigung anerkennen und fördern.«[27] Starke und anerkannte Gewerkschaften sollten im von Hirsch insgesamt bejahten kapitalistischen Wirtschaftssystem für die Interessen der Arbeiter kämpfen. Interessengegensätze zwischen Kapital und Arbeit sollten durch direkte Verhandlungen, notfalls durch paritätisch besetzte Einigungsämter gelöst werden, Tarifverträge die gefundenen Kompromisse festschreiben. Streiks durften dabei nur Ultima Ratio sein. Dies war nicht weit von Vorstellungen heutiger Tarifautonomie und Sozialpartnerschaft entfernt. »Gleichberechtigung, Vereinbarung, Schiedsgericht sind unser Wahlspruch, und erst im Notfall, aber dann mit Wucht und Entschiedenheit schreiten wir zum letzten Mittel, zur Arbeitseinstellung«, schrieben die Gewerkvereine im Oktober 1868 in ihrem von Hirsch verfassten ersten Aufruf.[28]

Auf Arbeitgeberseite wurde das zurückhaltende Auftreten der Gewerkvereine allerdings nur begrenzt anerkannt. Seit den Zeiten des Waldenburger Bergarbeiterstreiks sahen sie in Hirsch vor allem den gefährlichen Agitator. Noch zu Beginn der 1880er Jahre hetzte der Saarindustrielle Karl Ferdinand Stumm nach einer Rede Hirschs in Neunkirchen mit antisemitischem Unterton per Plakatanschlag gegen den »undeutschen Demagogen Hirsch« und weitete seine gegen die Sozialdemokratie bereits bestehenden Maßregeln auf die »berüchtigten Gewerkvereine« aus. Der Streit eskalierte. Der Großindustrielle forderte den Gewerkschaftsführer 1881 sogar zum Duell heraus, was Hirsch mit Hinweis auf seine »prinzipielle Verurteilung des Zweikampfs« ablehnte.[29]

Aus liberaler Grundüberzeugung heraus lehnte Max Hirsch antagonistisch begründeten Klassenkampf ab. Wenn es zum Konflikt kam, sollten sich Arbeitgeber und Arbeiter als gleichberechtigte Partner begegnen. Die formaljuristisch schon bestehende Gleichberechtigung der Arbeiter müsse daher zu einer tatsächlichen weiterentwickelt werden. Der Angelpunkt der

sozialen Frage liege in der Aufgabe, den freien Vertrag zwischen Arbeitgeber und Arbeiter »als gleichberechtigten Faktoren« zur Wahrheit zu machen.[30]
Dabei sei »anstelle der einseitigen Herrschaft der Besitzenden nicht etwa die nicht minder einseitige Herrschaft der Arbeiter, sondern die Mitbestimmung der letzteren zur Feststellung der Arbeitsbedingungen zu setzen.«[31]
Ziel sei die Harmonie der – wie man heute sagen würde – Sozialpartner. »Mein Standpunkt ist der, dass in der Welt die Harmonie das Gesetzliche und die Disharmonie die Ausnahme ist«, führte Hirsch bereits 1871 auf dem ersten Vereinstag der Gewerkvereine aus.[32] Die immer wieder auftretende Disharmonie müsse in Harmonie und Gleichklang aufgelöst werden. Hirsch selbst bezeichnete sich Ende der 70er Jahre einmal selbst als »Harmonieapostel«, ein Begriff, der ihn dann bis in die Nachrufe hinein verfolgte.[33]
Freie, mündige Arbeiter – so Max Hirschs Grundposition – sollten durch kollektive Selbsthilfe für die Absicherung ihrer Arbeitsverhältnisse sorgen. Arbeiterbildungsarbeit und Besinnung auf die Selbsthilfekräfte starker Gewerkvereine könnten ausreichenden Lohn und verträgliche Arbeitszeiten erstreiten, die dabei unvermeidlichen Konflikte sollten jedoch möglichst friedlich von Einigungsämtern geklärt werden. Ein Netz selbstorganisierter Kranken-, Invali-

# Dr. Max Hirschkuh

oder

# Das Amt des Heuchlers.

**Charakterbild**

**aus der Berliner Arbeiterbewegung**

**in zwei Akten**

von

**August Kapell.**

Preußische
Staatsbibliothek
Berlin

**Berlin,**

Im Selbstverlage des Verfassers

**1872.**

den- und Arbeitslosenversicherungen, ergänzt durch Rechtsberatung und Rechtsschutz, sollten die Risiken des Arbeitslebens abfangen. Dies brachte Hirsch bald den Vorwurf ein, seine Gewerkvereine seien vor allem unpolitische Unterstützungskassen.

Seitens der ab 1875 vereinigten Sozialdemokratie wurde »das Mäxchen« mit Hohn und Spott überzogen: »Sozialer Doktor«[34], »Schweifwedler den Fabrikanten gegenüber«[35], »Vertreter des ausbeutenden Kapitals«[36], »Demagöglein«[37] und – hundertfach! – »Harmonieapostel«. Anfangs mischten sich in die Schmähungen bisweilen auch antisemitische Töne. Hirsch sei »bezahlter Juden-Doktor« bzw. »Geldjude«.[38] Auf Arbeiterversammlungen konnte es passieren, dass bei Nennung des Namens Max Hirsch aus der Versammlung »der Judenjunge« gerufen wurde.[39] Keinem anderen politischen Gegner der Sozialdemokraten schlug solche Verachtung entgegen.

Hirschs Lieblingsidee, die streikverhütenden Einigungsämter, galten in den 1870er Jahren bei den Sozialisten ohnehin als Gipfel des Klassenverrats. Der sozialdemokratische Reichstagsabgeordnete August Kapell verfasste hierzu einen Schwank unter dem Titel *Dr. Max Hirschkuh oder das Amt des Heuchlers*, der im August 1872 auf dem Stiftungsfest des Allgemeinen Deutschen Arbeitervereins im Berliner »Prater« aufgeführt wurde.

Die sozialdemokratische und die liberale Gewerkschaftsbewegung blieben nach der Spaltung des Jahres 1868 verfeindet. Anfangs waren die Mitgliederzahlen der Gewerkvereine durchaus auf Augenhöhe mit den sozialistischen Gewerkschaften. Auf Dauer blieben die Gewerkvereine dann jedoch trotz erheblicher Steigerung der eigenen Anhängerschaft nicht nur weit hinter den »freien« Gewerkschaften zurück, sondern auch – noch zu Max Hirschs Lebzeiten – hinter den erst spät gegründeten christlichen Gewerkschaften. Zum Zeitpunkt von Max Hirschs Tod zählten die Gewerkvereine mit 120.000 Mitgliedern zwar mehr Anhänger als je zuvor, dies entsprach aber nur etwa sechs Prozent der gewerkschaftlich organisierten Arbeiter. Die Hirsch-Dunckerschen Gewerkvereine waren nur ein schwacher, wenngleich lebendiger Zweig der deutschen Gewerkschaften.

## Im Reichstag

Erst 1877, in der dritten Legislaturperiode des Reichstags, konnte Hirsch wieder ein Reichstagsmandat erringen. In Berlin siegte er knapp mit 5.659 zu 5.280 Stimmen über einen nationalliberalen Gegenkandidaten und dies, obwohl die Sozialdemokraten in der Stichwahl diesen weiter rechts stehenden Kandidaten gegen den verhassten »Bauernfänger« und »politischen Lumpen«[40] Max Hirsch unterstützt hatten.

In der nur 15 Monate dauernden Legislaturperiode wurde die Gewerbeordnung novelliert. Nach heftigen regierungsinternen Auseinandersetzungen war eine dürftige Regierungsvorlage entstanden, die an den bestehenden Arbeiterschutzregelungen fast nichts verbessern wollte.[41] Hirsch war im Reichstag Mitglied in der eingesetzten Kommission und trug hier dazu bei, dass in der Gewerbeordnung eine obligatorische Fabrikinspektion etabliert wurde. In der Frage der Gewerbeaufsicht und bei Gefahrenschutzregelungen am Arbeitsplatz war Hirsch also durchaus für staatlichen Eingriff.

Hirsch und seine Gewerkvereine waren allerdings strikt dagegen, die zunächst nur für Kinder und Jugendliche, später dann auch für Frauen geltenden gesetzlichen Arbeitszeitbeschränkungen auf volljährige männliche Arbeiter auszudehnen. Im Gegensatz zur Sozialdemokratie – und später auch zum katholischen Zentrum – war Hirsch gegen einen gesetzlichen Normalarbeitstag. Der mündige erwachsene Arbeiter solle in seinen Rechten, insbesondere seinen Koalitionsrechten, gestärkt werden und dann in freier Arbeitervereinigung und Vertragsfreiheit selbstständig, ohne Gesetze und Polizeiparagraphen, für seine

Arbeitsbedingungen kämpfen. »Der Staat soll bei schweren Übelständen überall da eintreten, wo der Einzelne unfähig ist, sich selbst zu schützen. Dies trifft offenbar für Kinder, junge Leute und großenteils auch Frauen zu. Es trifft aber in der Hauptsache nicht zu für erwachsene Männer. Die können sich selbst wehren und schützen, wenn nicht als Einzelne, so doch vereint, weil sie Überlegung, Willenskraft und Disziplin besitzen, und da sie es können, so müssen sie es; es ist ihre Mannespflicht.«[42]

Neben dem Ausbau der Fabrikinspektion war das Verbot der Sonntagsarbeit die wichtigste Frage der Novelle zur Gewerbeordnung von 1878. Der Reichstag beschloss in zweiter Lesung ein Verbot der Sonntagsarbeit, was dann in dritter Lesung mit nur einer Stimme Mehrheit wieder beseitigt wurde. Max Hirsch hat aus den geschilderten prinzipiellen Erwägungen gegen das Verbot gestimmt und somit seinen Teil dazu beigetragen, dass die Sonntagsarbeit weiterhin erlaubt blieb und erst zwölf Jahre später untersagt wurde, dann allerdings mit Unterstützung von Hirsch, der seine Position in diesem Punkt geändert hatte.

Die Novelle zur Gewerbeordnung von 1878 enthielt erstmals Mutterschutzbestimmungen, was unmittelbar auf Max Hirsch zurückging. In der eingesetzten Kommission brachte Hirsch einen Antrag ein, der eine vierwöchige Schutzfrist nach der Niederkunft vorsah.[43] Die Kommission und schließlich das Reichstagsplenum beschlossen dann einen dreiwöchigen Wöchnerinnenschutz für Fabrikarbeiterinnen, womit der seitdem stetig ausgebaute gesetzliche Mutterschutz seinen Anfang nahm.

Für den vierten Reichstag (1878–1881) hatte Max Hirsch auf wahltaktisch begründeten Druck der Parteiführung nicht kandidiert, bei der Wahl zum fünften Reichstag (1881–1884) siegte er im Oktober 1881 im Wahlkreis Reuß jüngere Linie in der Stichwahl klar über einen nationalliberalen Kandidaten mit 7.311 zu 5.405 Stimmen.

In der fünften Legislaturperiode des Reichstags wurde als Auftakt der Bismarck'schen Arbeiterversicherung das Krankenversicherungsgesetz vom 15. Juni 1883 und (im dritten Anlauf) das Unfallversicherungsgesetz vom 6. Juli 1884 verabschiedet. Hirsch war Mitglied der für beide Gesetzesvorhaben eingesetzten Reichstagskommission. Er war entschiedener Gegner des Unfallversicherungsgesetzes (»Erste Frucht des Staatssozialismus«) und plädierte stattdessen für eine Erweiterung und Verschärfung der seit 1871 bestehenden Haftpflichtregelungen für die Unternehmer.[44] Ähnlich schroff war Hirschs Ablehnung des kurz zuvor verabschiedeten Krankenversicherungsgesetzes. Die neuen Ortskrankenkassen entsprachen überhaupt nicht seinen Vorstellungen

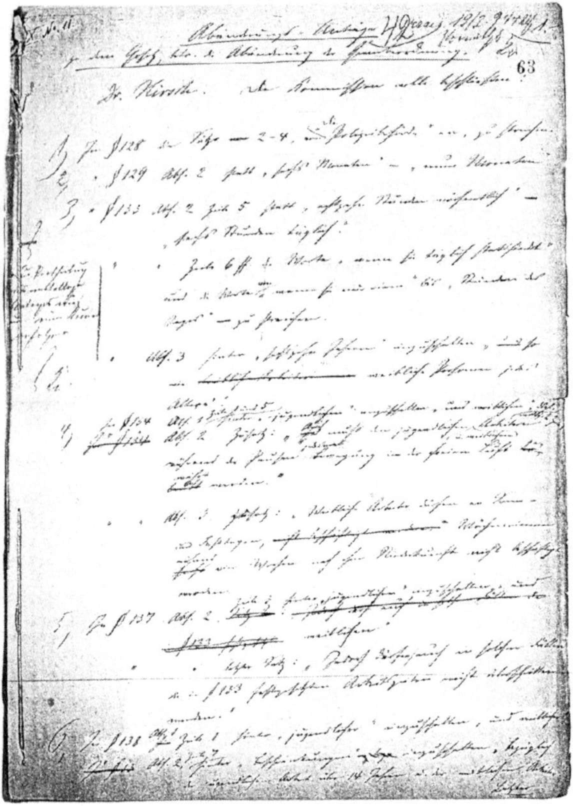

*Handschriftlicher Antrag Max Hirschs in einer Kommission des Reichstags, der zur frühesten Mutterschutzregelung in Deutschland führte*

von Arbeiterselbstverwaltung. In den Hilfskassen der Gewerkvereine herrsche »Freiheit, Brüderlichkeit, Selbstständigkeit, bei den meisten lokalen [Orts- und Fabrikkranken-]Kassen dagegen Zwang, Bevormundung und Maßregelung«.[45]

Der absolute Versicherungszwang sei – so Hirsch – ein »schwerer Eingriff in die persönliche und wirtschaftliche Freiheit«.[46] Allerdings – dies hatte Hirsch schon 1869 im Reichstag des Norddeutschen Bunds erreicht – blieben »Freie Hilfskassen« auch weiterhin als Ersatzkassen zugelassen, womit die Unterstützungskassen der Gewerkvereine ihr Betätigungsfeld behalten konnten.

Solche Hilfskassen auf Gegenseitigkeit gab es als Kranken- und Begräbniskassen zu Tausenden, sie hatten in Deutschland eine lange Tradition. Die Hirsch-Dunckerschen Gewerkvereine wagten sich (im Gegensatz zu den sozialistischen Gewerkschaften!) jedoch auch auf das versicherungstechnisch sehr viel schwierigere Gebiet der längerfristigen Alters- und Erwerbsunfähigkeitsrenten vor und gründeten bereits 1869 eine reichsweit tätige »Verbandskasse für die Invaliden der Arbeit«. Max Hirsch feierte die von ihm geleitete Kasse als »Perle der Gewerkvereine«.[47]

Doch ausgerechnet die von Hirsch als Paradebeispiel der Arbeiterselbsthilfe konzipierte »Perle« geriet schon nach wenigen Jahren in eine mathematisch

Die

# Perle der Deutschen Gewerkvereine.

Allen
deutschen Handwerkern und Arbeitern
zu Nutz und Frommen.

Im Namen des Centralraths
von
**Dr. Max Hirsch**
Anwalt der Deutschen Gewerkvereine.

Mit Invaliden-Verzeichniß.

**Zweite verbesserte Auflage.**

---

**Berlin 1880.**
Selbstverlag des Verbandes der Deutschen Gewerkvereine.
S. Alte Jakobstr. 64.

eigentlich voraussehbare finanzielle Schieflage. Sie musste trotz Beitragserhöhungen und Leistungskürzungen nach langem Niedergang schließlich im September 1889, noch vor der Etablierung der staatlichen Altersversicherung, insolvent aufgelöst werden.[48]
Eine positivere Haltung zu den Arbeiterversicherungsgesetzen folgte bei Hirsch daraus nicht. »Die Bismarcksche Zwangsversicherung [sei] als vollständig mißglückt zu betrachten«, schrieb er 1892.[49]
Nach sechs Jahren parlamentarischer Abstinenz errang Hirsch 1890 letztmals ein Reichstagsmandat. Im Wahlkreis Merseburg siegte er im zweiten Wahlgang über einen konservativen Grubenbesitzer mit 10.742 zu 9.858 Stimmen. Diesmal hatten die Sozialdemokraten in der Stichwahl zur Wahl Hirschs aufgerufen!
Die Legislaturperiode der Jahre 1890 bis 1893 war eine der sozialpolitischen Ernte. In Fragen des Arbeiterschutzes und des Arbeiterrechts konnten nach dem im März 1890 erfolgten Sturz Bismarcks lange blockierte Gesetzesvorhaben umgesetzt werden. Eine Novelle zur Gewerbeordnung (Hirsch war wieder Mitglied der eingesetzten Kommission des Reichstags) brachte das Verbot der Sonntagsarbeit, etwas verbesserten Jugendarbeitsschutz und Arbeitszeitbeschränkungen für Frauen. Hirsch engagierte sich hier erfolglos für ein absolutes Verbot der Kinderarbeit in Fabriken, für Erhöhung des Jugendarbeitsschutzes

von 16 auf 18 Jahre und die Ausdehnung des Mutterschutzes auf die Zeit vor der Entbindung.[50] Nach wie vor sprach er sich gegen gesetzliche Arbeitszeitbestimmungen für erwachsene männliche Arbeiter aus, für Frauen beantragte er eine Höchstarbeitszeit von zehn Stunden.[51] Wie die Mehrheit des Reichstags kämpfte Hirsch entschieden gegen einige Bestimmungen der Regierungsvorlage, die das Koalitionsrecht einschränken wollten, was jedoch schließlich verhindert werden konnte.[52] Das Eintreten für die Stärkung der Stellung der Arbeiter im entstehenden Arbeitsrecht war eine Konstante im parlamentarischen Wirken Hirschs seit 1869, etwa im Kampf gegen die immer wieder drohende Einführung obligatorischer Arbeitsbücher.

Schon zuvor hatte der Reichstag das Gewerbegerichtsgesetz vom 29. Juli 1890 angenommen, durch das besondere Schiedsgerichte und Einigungsämter zur Klärung von Streitigkeiten aus dem Arbeitsverhältnis eingeführt wurden.[53] Gerade hierfür hatte Max Hirsch jahrzehntelang gekämpft, eine seiner Kernforderungen war Wirklichkeit geworden, wenngleich die konkrete Ausgestaltung seine Freude an dem dann 1901 verbesserten Gesetz etwas trübte.[54]

Ein von Hirsch 1890 in den Reichstag eingebrachter Entwurf für ein »Gesetz betreffend die eingetragenen Berufsvereine« scheiterte jedoch.[55] In dieser Frage

# Leitfaden

zum

# Gewerbegerichtsgesetze

mit besonderer Berücksichtigung

**der Verhältnißwahl und der Einigungsämter**

von

Dr. Max Hirsch

Anwalt der Deutschen Gewerkvereine.

**Berlin 1902.**

Verlag des Verbandes der Deutschen Gewerkvereine

O., Andreasstraße 75.

hatte sich bereits 1869 bzw. 1872 Hirschs Vorbild und Parteifreund Schulze-Delitzsch erfolglos engagiert. 1885 – als Hirsch zwischenzeitlich nicht im Reichstag war – hatten die Gewerkvereine einen entsprechenden Gesetzentwurf Hirschs als Petition vorgelegt.[56]
Einen Rückschlag für Hirsch und die Gewerkvereine brachte eine Novelle zum Krankenversicherungsgesetz vom 10. April 1892, die die Handlungsspielräume der freien Hilfskassen erheblich einschränkte und – wie Hirsch auf einer Protestveranstaltung der Gewerkvereine formulierte – »an eines der Grundrechte der Arbeiter die Axt« anlegte.[57] In der eingesetzten Reichstagskommission konnte Hirsch trotz vielfacher Anträge die entsprechenden Bestimmungen nicht verhindern.[58]

## Im Preußischen Landtag

Bei der Reichstagswahl 1893 konnte Hirsch sein Mandat im Wahlkreis Bitterfeld-Delitzsch nicht verteidigen. Sechs Jahre später errang er dann im Wahlkreis Berlin 1 für die Freisinnige Volkspartei ein Mandat im preußischen Abgeordnetenhaus, das er bis zu seinem Tod behielt. Allerdings hatte der preußische Landtag nur wenig sozialpolitische Regelungskompetenz, so beispielsweise bei der konkreten Ausgestaltung der Fabrikinspektion. Die Einführung der weiblichen Gewerbeaufsicht in Preußen ab 1900 ging auf einen Antrag von Max Hirsch zurück.[59] Die sozialpolitische Gesetzgebung zum Arbeiterschutz, zum Arbeitsrecht und zur Sozialversicherung wurde jedoch nicht im preußischen Landtag, sondern im Reichstag entschieden, dem Hirsch in den letzten zwölf Jahren seines Lebens nicht mehr angehörte. Hirsch fand im preußischen Landtag trotzdem vor allem bei den Etatdebatten vielfältige sozialpolitische Ansatzpunkte, so etwa zur Frage der Landarbeiterwohnungen, zum Koalitionsrecht und insbesondere zur Lage der Bergarbeiter.

## Sozialpolitische Kongresse

Hirsch war Gründungsmitglied des Vereins für Socialpolitik, dessen Gründungsaufruf von ihm mitformuliert wurde.[60] Er war eifriger Diskussionsredner der die Vereinsgründung vorbereitenden »Eisenacher Versammlung zur Besprechung der socialen Frage« von 1872, dann Mitglied des Ausschusses. Auf dem konstituierenden Kongress des Vereins ein Jahr später hielt er ein Referat über »Einigungsämter und Schiedsgerichte«. Den Kongress des Jahres 1874 bereitete er durch Gutachten über Alters- und Invalidenkassen bzw. zur Bestrafung des Arbeitsvertragsbruchs vor. Nachdem 1877 eine von ihm eingebrachte Resolution zur Reform der Gewerbeordnung abgelehnt wurde, blieb Hirsch den Versammlungen fern, war aber weiterhin Mitglied des Vereins. Erst ab 1897 besuchte er nach zwei Jahrzehnten Abwesenheit wieder die Jahrestagungen des Vereins für Socialpolitik.

Im Mai 1899 war Hirsch maßgeblich an der Gründung der deutschen Sektion der Internationalen Vereinigung für Arbeiterschutz beteiligt, einem Zusammenschluss bürgerlicher Sozialpolitiker, Professoren und Parlamentariern um den ehemaligen preußischen Handelsminister Hans Freiherr von Berlepsch.[61] Diese »deutsche Sektion« ging dann 1901 in der Gesellschaft für Soziale Reform auf.[62] Auch hier war Max Hirsch Gründungsmitglied. Hirsch nahm nun auch an internationalen Arbeiterschutzkongressen teil, zuerst 1900 in Paris, wo er als Referent zum Thema »Verbot der Nachtarbeit« auftrat.[63] Den ab 1889 regelmäßig stattfindenden internationalen Unfall- und Arbeiterversicherungskongressen blieb er allerdings entsprechend seiner Ablehnung der staatlichen Zwangsversicherung fern. Im Gegensatz zu den Sozialdemokraten hat Hirsch seine Haltung gegenüber der Bismarck'schen Arbeiterversicherung nicht revidiert.

*Max-Hirsch-Straße in Frankfurt am Main*

## Förderer der Erwachsenenbildung

Max Hirsch war ein Pionier der Volkshochschulen und engagierte sich Zeit seines beruflichen Lebens in der Erwachsenenbildung. Arbeiterbildung und Arbeiteremanzipation waren für ihn untrennbar verbunden. Bereits 1861 lehrte er im Großen Berliner Handwerkerverein. Dem folgte bruchlos seine Vorstandstätigkeit im Magdeburger Arbeiterbildungsverein in den Jahren 1863 bis 1867. Auf dem zweiten Vereinstag der Arbeitervereine 1864 in Leipzig plädierte Hirsch für einen gemeinsamen Lehrplan der Arbeiterbildungsvereine und sprach sich gegen die bis dahin üblichen unzusammenhängenden Einzelvorträge aus.[64] Grundlage müsse angesichts des »traurigen Zustands unserer Volksschulen« der Elementarunterricht sein. Ein Jahr später sprach Hirsch auf dem dritten Vereinstag über die Lehrmittel der Arbeiterbildungsvereine.

Hirsch war außerdem im Juni 1871 Mitbegründer und dann langjähriges Mitglied des Zentralausschusses der reichsweit tätigen Gesellschaft für Verbreitung von Volksbildung, einer Zusammenfassung von bürgerlich-liberalen Bildungsbestrebungen, in der auch Hirschs Parteifreunde Franz Duncker und Hermann Schulze-Delitzsch führend tätig waren, letzter als Vorsitzender.[65] Hirsch sorgte dafür, dass viele Ortsvereine der Gewerkvereine, die sich ohnehin auch als

Bildungsvereine begriffen, Mitglied in dieser Bildungsgesellschaft wurden. Auch der Gesamtverband der Gewerkvereine wurde korporatives Mitglied der Gesellschaft für Verbreitung von Volksbildung.[66]

Im November 1878 gründete Hirsch in Berlin die von Staat, Parteien und Kirchen unabhängige Humboldt-Akademie und als deren Trägerverein den Wissenschaftlichen Centralverein. Die Humboldt-Akademie gilt als eine der ersten Volkshochschulen Deutschlands. Dem Trägerverein traten 1878/79 innerhalb weniger Wochen 350 Personen bei. Hirsch übernahm als Generalsekretär die Geschäftsführung von Akademie und Trägerverein und behielt sie bis zu seinem Tod. In einem im Juni 1878 verfassten Plan zur *Gründung einer Anstalt für populär-wissenschaftliche Vortragscyklen* schrieb Hirsch: »Immer lauter und schwerer werden die Klagen über das Einreißen eines flachen Realismus und damit zusammenhängend die Erweiterung der Kluft zwischen den Hochgebildeten und der übergroßen Masse, welche, allen Idealen entfremdet, nur dem Genusse und der äußeren Macht nachjagt. Dieser bedauerliche und gefahrdrohende Zustand beruht – abgesehen von den großen Schäden unseres Elementar- und Sekundärunterrichts – wesentlich auf der schweren Zugänglichkeit der höheren, wahrhaft wissenschaftlichen Bildung für die große Masse, selbst derer, welche im Leben eine führende Rolle spielen.«[67]

Konzeption und Didaktik der Humboldt-Akademie ähnelten auffällig den heutigen Volkshochschulen.[68] Die breit gefächerten, themenbezogenen »Cyklen« waren offen für jeden. Die in gedruckten Programmheften angekündigten, in der Regel einmal wöchentlich in den Abendstunden durchgeführten Kurse dauerten jeweils zehn bis zwölf Wochen (»Quartale«). Finanziert wurde die Humboldt-Akademie hauptsächlich über die Gebühren von fünf Mark pro Kurs, die bei Bedürftigkeit ganz oder teilweise erlassen wurden. Die Räumlichkeiten stellte die Schulverwaltung. Begonnen wurde 1878 im roten Ziegelbau der Dorotheenstädtischen Realschule in der Nähe des Bahnhofs Friedrichstraße, später kamen weitere Schulen hinzu. Eine Volkshochschule – so Hirsch 1901 – sei »eine ständige Lehranstalt zur Darbietung systematisch zusammenhängender Vortragsreihen aus den hauptsächlichen Wissensgebieten für alle, die nach gründlicher Belehrung verlangen«.[69] Es gelte »wahre Wissenschaft in allen Volkskreisen zu verbreiten«.[70]

Die nebenberufliche Dozentenschaft war durchweg akademisch gebildet, wenngleich sich nur wenige Universitätsprofessoren unter ihnen befanden. »Dozent der Humboldt-Akademie« hatte bald einen guten Klang, und so mancher Kursleiter veröffentlichte seine Vortragsreihe anschließend im Druck. Max Hirsch selbst bot »Cyklen« über Nationalökonomie

# Volkshochschulen.

## Ihre Ziele, Organisation, Entwicklung, Propaganda.

Von

Dr. Max Hirsch,
Generalsekretär der Volkshochschule Humboldt-Akademie.

Berlin.
Druck und Verlag von Georg Reimer.
1901.

an. Der Anspruch der Kurse war eher hoch und zielte erkennbar auf Personen, die ihre Schulbildung auffrischen und erweitern wollten. Kaufleute, Beamte und Lehrerinnen stellten einen Großteil der Kursbesucher, was wohl Hirschs ursprünglicher Intention widersprach. Arbeiter waren in der Minderheit, und die konzeptionelle Ausrichtung auf die Mittelschichten bildete einen frühen Kritikpunkt.[71]

Männer und Frauen wurden zusammen unterrichtet, was damals alles andere als selbstverständlich war. Der Frauenanteil an den Hörern betrug etwa 40 Prozent, unter den Dozenten befanden sich beginnend mit der promovierten Gynäkologin Agnes Bluhm ab 1894 übrigens auch einzelne Frauen. Die Zahl der Hörer wuchs stetig und überschritt um die Jahrhundertwende zehntausend Kursteilnehmer pro Jahr. »Soziale Reform ohne Erhöhung des Bildungsniveaus der großen Masse«, so Hirsch, »wäre nur halbes und vergängliches Werk.«[72]

## In der Friedensbewegung

Max Hirsch engagierte sich in den 1890er Jahren in der entstehenden Friedensbewegung.[73] Seine Idee der konfliktausgleichenden Schiedsgerichte und Einigungsämter war aus dem Arbeitsleben auch auf Konflikte zwischen Staaten übertragbar. Er war neben anderen führenden Linksliberalen Mitglied der deutschen Gruppe der Interparlamentarischen Union (die sich anfangs Komitee für Schiedsgerichte und Frieden nannte) und dort ab 1891 Schrift- und Geschäftsführer. Auf Kongressen in Rom, Bern, Brüssel, Budapest, Den Haag, Oslo und Paris war Hirsch deutscher Delegierter. Von 1897 bis 1900 war er Vorsitzender der 1892 gegründeten, heute noch aktiven Deutschen Friedensgesellschaft, in der mit dem Berliner Rechtsanwalt und Pazifisten Richard Grelling und dem Historiker Martin Philippson auch weitläufige Verwandte Hirschs tätig waren.[74] Nachdem Hirsch 1899 sein Mandat im preußischen Landtag errungen hatte, zog er sich wieder vom Vorsitz der Friedensgesellschaft zurück. Im preußischen Landtag vertrat Hirsch am 23. März 1899 eine Petition, in der die Entfernung nationalchauvinistischer Inhalte und der Kriegsverherrlichung aus den Schulbüchern gefordert wurde.[75]

## Die letzten Jahre

Max Hirsch war als Gründer der Gewerkvereine jahrzehntelang trotz immer wieder auftretender interner Querelen ihr unbestrittener Kopf. Im letzten Lebensjahrzehnt entglitten ihm allerdings die Zügel sichtbar. Jüngere Verbandsfunktionäre (»Düsseldorfer Opposition«) rückten vom Selbsthilfedogma ab, waren streikfreudiger und lehnten – im Gegensatz zu Hirsch – die staatliche Sozialversicherung nicht mehr prinzipiell ab. Hirsch sei im Alter »ein schlimmer Hemmschuh gesunder sozialer Fortentwicklung« geworden, schrieb im Dezember 1900 die von Friedrich Naumann herausgegebene Zeitschrift *Die Hilfe*, ein insgesamt eher nahestehendes Organ. »Je eher er sich zur Ruhe setzten würde, um so besser.«[76]

Hirsch war in den letzten Lebensjahren krank. An einer Generalversammlung des Vereins für Socialpolitik nahm er letztmals 1901 teil. 1902 besuchte er in Köln noch den zweiten Kongress der Internationalen Vereinigung für gesetzlichen Arbeiterschutz, ohne dort größer in Erscheinung zu treten. Seinen 70. Geburtstag konnte Max Hirsch an der Jahreswende 1902/03 noch im großen Kreis feiern – sowohl die Gewerkvereine als auch die Dozenten der Humboldt-Akademie feierten ihn mit Festschriften.[77] Im Mai 1904 konnte er erstmals nicht an einem Verbandstag der von ihm dreieinhalb Jahrzehnte zuvor gegründeten Gewerkvereine teilnehmen. Soweit es seine Gesundheit gestattete, blieb er jedoch aktiv. Seine letzten großen öffentlichen Auftritte waren Anfang 1904 eine Rede zum 25-jährigen Gründungsjubiläum seiner Humboldt-Akademie und Anfang Oktober 1904 bei der Einweihung des Vereinshauses der Gewerkvereine in der Greifswalder Straße.[78] Im preußischen Abgeordnetenhaus hielt er noch am 27. März 1905 eine lange Rede zur Novelle des preußischen Berggesetzes. Hirschs letzte Rede endete so: »Die wahre Gewerbepolitik besteht darin, daß man nicht die einzelnen Erwerbszweige auseinanderfallen läßt nach einzelnen Kategorien, nach einzelnen Berufsständen, hier die Arbeitgeber und da die Arbeitnehmer, sondern daß man sie beide betrachtet als Glieder eines einheitlichen Ganzen, auf das ihr Wohlstand, ihre Existenz angewiesen ist, und das in vollem Maße nur aufrecht erhalten werden kann durch Einigkeit, durch Versöhnlichkeit, durch Frieden zwischen beiden Teilen.«[79]

Max Hirsch starb am 26. Juni 1905 im Sanatorium Klara-Emilia in Bad Homburg vor der Höhe an Darmblutung.[80] Der Tote wurde nach Berlin überführt und im großen Saal des Vereinshauses aufgebahrt, wo auch am 30. Juni eine öffentliche Trauerfeier stattfand. Trauerreden hielten unter anderem die links-

*Grabstein von Max und Agathe Hirsch,*
*Jüdischer Friedhof Berlin-Weißensee*

liberalen Reichstagsabgeordneten Johannes Kaempf und Albert Träger. Für den Verein für Socialpolitik und die Gesellschaft für soziale Reform sprach Professor Ernst Francke und seitens der Gewerkvereine der Vorsitzende des Zentralrats Gustav Hartmann und schließlich der Nachfolger Hirschs im Verbandsvorsitz Karl Goldschmidt. Vom Vereinshaus aus setzte sich der Trauerzug, an dessen Spitze die Traditionsbanner der Gewerkvereine getragen wurden, zu dem etwa drei Kilometer entfernten jüdischen Friedhof in Berlin-Weißensee in Bewegung. »Wohl an 3.000 Männer der Arbeit und Freunde des Verstorbenen«[81] folgten dem Sarg. Der Rabbiner der Neuen Synagoge Samson Weisse sprach die Liturgie.[82] Das Ehrengrab mit der Inschrift »Sein Leben galt der Arbeit für das Volk und sein deutsches Vaterland« ist noch erhalten.

Die 13 Jahre jüngere Agathe Hirsch überlebte ihren Ehemann um 29 Jahre, sie starb 1934 in Berlin. Einer etwa ein Jahr vor ihrem Tod von den Gewerkvereinen veranstaltete Gedenkfeier zum 100. Geburtstag von Max Hirsch hatte sie bereits krankheitsbedingt fernbleiben müssen.[83]

Die einzige Tochter, die noch in Magdeburg geborene Alice, heiratete 1887 den jüdischen Berliner Rechtsanwalt und Justizrat Franz Bremer (1856–1916). Alice Bremer wurde im August 1942 nach Theresienstadt deportiert, wo sie wenige Tage später starb.

# Der Gewerkverein

**Organ des Verbandes der Deutschen Gewerkvereine**

sowie für Einigungsämter, Versicherungs- und Produktiv-Genossenschaften.

Erscheint jeden Freitag. Vierteljährlicher Abonnementspreis: durch die Post bezogen 1 Mk. — Unter Kreuzband 1 Mk. 25 Pf. — Alle Postanstalten, für Berlin alle Zeitungs-Spediteure, nehmen Bestellungen an. — Inserate pro Zeile: Geschäftsanz. 25 Pf., Familienanz. 15 Pf., Vereinsanzeigen 10 Pf., Arbeitsmarkt gratis. Redaktion u. Exped.: N.O., Greifswalderstr. 221/23. Fernsprecher: Amt VII, Nr. 4720.

(Eigenthum des Verbandes.)

Herausgegeben unter Mitwirkung der Verbands- und Vereins-Vorstände von Dr. Max Hirsch.

Bei Abonnement von mindestens 3 Exempl. unter einer Adresse tritt für Nichtmitglieder der ermäßigte Preis von 75 Pf. ein, welche franko an den Verbandskassirer Rudolf Klein, N.O., Greifswalderstr. 221/23, einzusenden sind. Für Mitglieder 35 Pf. pro Exemplar. Bei obligatorischem Abonnement seitens der Gewerkvereine 15 Pf. pro Exempl. Fernsprecher: Amt VII, Nr. 4720.

Nr. 26. Berlin, 30. Juni 1905 Siebenunddreißigster Jahrgang.


## Dr. Max Hirsch †

Der Anwalt ist todt! Diese furchtbare Nachricht trug uns der Telegraph gestern Nachmittag zu. Obgleich der Verbandsanwalt seit Jahren kränkelte und wir in den letzten Wochen Grund genug hatten, um sein Leben besorgt zu sein, wirkte die Depesche von dem gegen 2 Uhr Nachmittags zu Homburg v. d. H. erfolgten Ableben unseres Verbandsanwalts auf alle Kollegen tief erschütternd. Es will uns schwer fallen, an den Gedanken zu glauben, daß der Begründer und Führer unserer Organisation nicht wieder zurückkehren kann.

Wenn auch schwer leidend, so zog er doch voll froher Hoffnungen dem sonnigen Süden entgegen, um dort Erholung und Frische für neue Arbeit zu finden. So energisch war sein Wille, daß ihm der Gedanke an die Möglichkeit eines nahen Todes fern, weitab fern lag. Die körperlichen Kräfte aber versagten den Dienst auf der Reise, sodaß dieselbe in Frankfurt a. M. unterbrochen werden mußte.

Die ersten Nachrichten von der neuen Erkrankung wußten nur von einer „Magenverstimmung" zu berichten und da die vorjährige schwere Erkrankung in gleicher Weise begann, aber doch glücklich verlief, sodaß der Anwalt im Herbst seine Thätigkeit wieder aufnehmen konnte, da hoffte er wohl auch jetzt, daß er siegreich sein werde über die körperlichen Beschwerden.

Der enge Raum eines Hotelzimmers ist wenig geeignet, einen Kranken hoffnungsfroh zu stimmen. Auf ärztlichen Rath erfolgte daher die Uebersiedelung in das Sanatorium Klara-Emilia in dem Frankfurt nahegelegenen Homburg v. d. Höhe. Dieses Haus sollte unser Freund nicht mehr verlassen, wenn auch neue Hoffnungen seine Seele belebten, als er es betrat. Ein zu Anfang voriger Woche aus Homburg v. d. H. an uns gekommener Brief, den er selbst nicht mehr geschrieben, sondern seiner lieben, ihn pflegenden Gattin diktirt und mit zitternder Hand unterschrieben hatte, galt der Sorge um die ausgesperrten Arbeiter in Bayern. So lange sein Herz schlug, galt es der Arbeitersache, ihr war sein Leben gewidmet bis zum letzten Athemzuge.

Und nun ist er todt, der bis in den Tod getreue Freund, Führer und Berather. Aber nicht umsonst war sein Leben. Was er uns in den Deutschen Gewerkvereinen geschaffen, wird seinen Namen unsterblich machen.

Wohl hat er es nicht erleben sollen, daß die von ihm und Franz Duncker, den der Rasen schon über viele Jahre deckt, begründeten Deutschen Gewerkvereine an der Spitze der deutschen Arbeiterbewegung marschiren konnten. Dafür hatte er aber die Genugthuung, daß die von ihm bei Begründung der Deutschen Gewerkvereine aufgestellten Grundsätze von einem immer größeren Theil der deutschen Arbeiterschaft als richtig erkannt wurden. Dies ist namentlich der Fall in jenem wesentlichsten Grundsatz, der die Deutschen Gewerkvereine von der gewerkschaftlichen Richtung der Arbeiterbewegung immer unterschied. Die Gewerkvereine beruhen auf dem Ausgleich der widerstreitenden Interessen zwischen Unternehmern und Arbeitern, während die Gewerkschaften das sozialdemokratische Dogma des Klassenkampfes annahmen. Der Klassenkampf hat bisher nur Unheil über die Arbeiter gebracht. Wo die deutsche Arbeiterbewegung einen dauernden Erfolg erzielte, da geschah es auf der von den Deutschen Gewerkvereinen geschaffenen Basis des Ausgleichs.

Dr. Max Hirsch war nie ein Harmonieapostel, wie ihn seine Gegner von links nannten, in dem Sinne, daß er die Unterwürfigkeit der Arbeiter verlangt hätte. Ganz im Gegentheil! Die Arbeiterrechte sollten mit aller Energie zur Geltung gebracht werden. Wo es aber zu einem Ausgleich zwischen Unternehmern und Arbeitern vor oder während des Kampfes kommen konnte, sollte es nur geschehen auf dem Fuße bürgerlicher Gleichberechtigung. —

Nun ist seiner Hand das Steuer im Schiffe der Gewerkvereine entfallen! Centralrath und Verbandsleitung werden mit Besonnenheit und Thatkraft das Werk im gleichen Geiste fortsetzen und das Schiff allen Stürmen zum Trotz in den sicheren Hafen des Erfolges führen.

In treuer Arbeit für die Verwirklichung seiner Ideen werden wir unserm unvergeßlichen Freunde nacheifern und sein Werk gestalten helfen zu einem seinen Namen rühmenden lebendigen Denkmal für alle Zeit!

Der älteste Sohn, der 1866 geborene Karl, wurde in Berlin ein anerkannter Chirurg und Orthopäde mit dem Titel Sanitätsrat. Er und seine 1876 geborene Frau Helene, geb. Fränkel, starben 1952 in Pardess Hannah, Israel. Sie hatten sechs Söhne, der 1901 geborene Konrad, ein promovierter Nationalökonom (er hatte 1927 seine Doktorarbeit über die Humboldt-Akademie seines Großvaters Max Hirsch geschrieben!), starb 1943 im Konzentrationslager Majdanek. Der 1900 geborene Enkel Albrecht betrieb in Berlin mehrere Buchhandlungen. Wegen Betätigung für die illegale sozialdemokratische Partei wurde er Ende 1934 zu drei Jahren Zuchthaus verurteilt und anschließend in das Konzentrationslager Buchenwald verschleppt. 1938 konnte er nach Skandinavien emigrieren, er starb 1978 in Kopenhagen.

Der jüngste Sohn von Max und Agathe Hirsch, der 1869 in Berlin geborene Ludwig, wurde Ingenieur. Als er im Januar 1943 deportiert werden sollte, nahm er sich das Leben. Er wurde in Weißensee beigesetzt.

In der Charlottenburger Sybelstraße 35, wo der Witwer seit 1928 lebte, erinnert ein Stolperstein an ihn.

*Stolperstein für Ludwig Hirsch in der Sybelstraße 35, Berlin-Charlottenburg*

## Anmerkungen

1 Vgl. Ulrich Engelhardt, »Nur vereinigt sind wir stark«. Die Anfänge der deutschen Gewerkschaftsbewegung 1862/63 bis 1869/70, 2 Bde., Stuttgart 1977.
2 Vgl. Oskar Pache, Max Hirsch. Ein Bild seines Lebens und Wirkens, Bremerhaven und Leipzig o.J. (1894); die ansonsten ausführlichste biographische Würdigung stammt von Ernest Hamburger, Juden im öffentlichen Leben Deutschlands, Tübingen 1968, S. 302–311.
3 Stadtarchiv Halberstadt, Jü 001.
4 Der Astronom Adolphe Hirsch (1830–1901) war jedoch nicht – wie einige biographische Lexika behaupten – ein älterer Bruder von Max Hirsch, sondern ein Sohn seines Onkels Moses Hirsch (1787–1850).
5 Ludwig Philippson heiratete 1844 die Tochter Mathilde (1822–1891) des Onkels Moses Hirsch. Max Hirsch war also, obwohl 21 Jahre jünger, kein »Neffe« von Ludwig Philippson, wie fast durchweg zu lesen ist. Zur Familie Philippson vgl. Alfred Philippson, Wie ich zum Geographen wurde. Aufgezeichnet im Konzentrationslager Theresienstadt zwischen 1942–1945, Bonn 1996, S. 11–38.
6 Universitätsarchiv Tübingen, 40/94, 200.
7 Archiv der Humboldt-Universität Berlin, Nr. 630/41, Rektorat; Rektor & Senat.
8 Universitätsarchiv Greifswald, Phil. Fak. I–97.
9 Georg Hirth (Hrsg.), Deutscher Parlaments-Almanach, 12. Ausgabe, Leipzig 1877, S. 170.
10 Hinter dem Anonymus verbarg sich der Kreisphysikus J.H. Hoffert aus Carthaus bei Danzig.

11 Stadtarchiv Magdeburg, Rep. 45 Firmenregister Bd. I Nr. 386 und Nr. 723.

12 Der berühmte, in Chile im Exil gestorbene Kinderarzt Heinrich Finkelstein (1865–1942) war ein angeheirateter Neffe von Max Hirsch (Sohn von Saul Finkelstein, einem Bruder der Ehefrau Agathe).

13 Landesarchiv Sachsen-Anhalt, Abteilung Magdeburg, C 125 Magdeburg, Tit. XII, Nr. 29, Bl. 53v, Bl. 62r, Bl. 77v, Nr. 33, Bl. 42v.

14 Vgl. Erich Eyck, Der Vereinstag Deutscher Arbeitervereine 1853–1868, Berlin 1904, S. 52–55; vgl. Ulrich Engelhardt (wie Anm. 1), S. 259 f.

15 Max Hirsch, Die Arbeiter-Bewegung und Organisation in Deutschland, Berlin 1892, S. 25.

16 Vgl. die Aufstellung bei Ulrich Engelhardt (wie Anm. 1), S. 460 f.; Teilabdruck bei Hermann Müller, Die Organisation der Lithographen, Steindrucker und verwandten Berufe, Berlin 1917, S. 147–153.

17 Vgl. Hans-Georg Fleck, Sozialliberalismus und Gewerkschaftsbewegung. Die Hirsch-Dunckerschen Gewerkvereine 1868–1914, Köln 1994, S. 44–61.

18 Vgl. Quellensammlung zur Geschichte der deutschen Sozialpolitik 1867 bis 1914, I. Abteilung: Von der Reichsgründungszeit bis zur Kaiserlichen Sozialbotschaft (1867–1881), 4. Band: Arbeiterrecht, bearbeitet von Wolfgang Ayaß, Karl-Heinz Nickel und Heidi Winter, Darmstadt 1997, Nr. 2 (im Folgenden abgekürzt: Quellensammlung GDS, I. Abt., Bd. 4, Nr. 2).

19 Vgl. Hans-Georg Fleck (wie Anm. 17), S. 305–308.

20 Hirschs parlamentarische Tätigkeit wird ausführlich geschildert in: Karl Hahn/Karl Goldschmidt, Festschrift. Dem Anwalt der Deutschen Gewerkvereine Herrn Dr. Max Hirsch zum

siebenzigsten Geburtstag 30. Dezember 1902, Berlin 1902, S. 17–44.

21 Voigtländischer Anzeiger, Beilage zu Nr. 69 vom 25.3.1869.

22 Stenographische Berichte des Reichstags des Norddeutschen Bundes, Session 1869, 17. Sitzung vom 12.4.1869, S. 312–325.

23 Vgl. Quellensammlung GDS, I. Abt., Bd. 5, S. XXIX–XXXIII und Nr. 37–38, Nr. 40.

24 Max Hirsch, Die hauptsächlichen Streitfragen der Arbeiterbewegung, Berlin 1886, S. 42.

25 Vgl. Hans-Georg Fleck (wie Anm. 17), S. 61–63; vgl. Quellensammlung GDS, I. Abt., Bd. 4, Nr. 15, Nr. 17–27, Nr. 30–34.

26 Zu Hirschs Position zur Selbsthilfe vgl. Hans-Georg Fleck (wie Anm. 17), S. 109–118.

27 Max Hirsch (wie Anm. 24), S. 30.

28 Abgedruckt bei Hans-Georg Fleck (wie Anm. 17), S. 900–903, hier S. 903.

29 Vgl. hierzu Hirschs »Klarstellung« vom 21.2.1892 mit Wiedergabe des Stummschen Plakattextes, Bundesarchiv N 2117, Nr. 32, fol. 1; vgl. W(ilhelm) Gleichauf, Geschichte des Verbandes der deutschen Gewerkvereine (Hirsch-Duncker), Berlin 1907, S. 169.

30 Max Hirsch, Was bezwecken die Gewerkvereine?, 15. Auflage, Berlin 1891, S. 5.

31 Max Hirsch (wie Anm. 15), S. 28 f.

32 Die Verhandlungen des ersten ordentlichen Verbandstages der Deutschen Gewerkvereine, Berlin 1871, S. 31.

33 Max Hirsch, Was bezwecken die Gewerkvereine?, Berlin 1879, S. 7.

34 Vorwärts Nr. 34 vom 22.3.1878.

35 Vorwärts Nr. 72 vom 21.6.1878, zurückgehend auf eine Äußerung des Generalsekretärs des Gewerkvereins der

Goldarbeiter Bischoff bei Austritt seines Verbands, Der Volksstaat Nr. 104 vom 30.12.1871.

36 Vorwärts Nr. 56 vom 15.5.1878.

37 Vorwärts Nr. 46 vom 19.4.1878.

38 Vgl. Ulrich Engelhardt (wie Anm. 1), S. 1020, S. 1040.

39 Vgl. Quellensammlung GDS, I. Abt., Bd. 4, Nr. 89.

40 So die Berliner Freie Presse, vgl. Gleichauf (wie Anm. 33), S. 137.

41 Vgl. Quellensammlung GDS, I. Abt., Bd. 3.

42 Max Hirsch (wie Anm. 24), S. 10.

43 Bundesarchiv R 101 Nr. 469, fol. 63.

44 Max Hirsch (zusammen mit Hugo Kamin), Das Reichs-Unfallversicherungs-Gesetz und die Arbeiter, Berlin 1881, S. 21 f.

45 Max Hirsch (wie Anm. 29), S. 12.

46 Max Hirsch, Das Krankenversicherungs-Gesetz vor dem Reichstage, Berlin 1883, S. 6.

47 Max Hirsch, Die Perle der Deutschen Gewerkvereine. Allen deutschen Handwerkern und Arbeitern zu Nutz und Frommen, Berlin 1880; vgl. Max Hirsch (wie Anm. 24), S. 36–41.

48 Vgl. Quellensammlung GDS, I. Abt., Bd. 6, S. XXV–XXVII, Nr. 11–12, Nr. 29, Nr. 37–38, Nr. 44, Nr. 47, Nr. 54, Nr. 104–105; vgl. Quellensammlung GDS, II. Abt., Bd. 6, S. XXV f., Nr. 15, Nr. 22, Nr. 28, Nr. 150.

49 Max Hirsch (wie Anm. 15), S. 18.

50 Vgl. Quellensammlung GDS, III. Abt., Bd. 3, Nr. 34–35, Nr. 39, Nr. 67.

51 Vgl. Quellensammlung GDS, III. Abt., Bd. 3, Nr. 38, Nr. 57.

52 Vgl. Quellensammlung GDS, III. Abt., Bd. 4, S. XXXVII–XXXIX, Nr. 3–9, Nr. 18–19, Nr. 21–23, Nr. 25.

53 Vgl. Quellensammlung GDS, III. Abt., Bd. 4, S. XXVII–XXXVII, Nr. 2, Nr. 10, Nr. 12–14.

54 Vgl. Hirschs Rechenschaftsbericht auf dem elften Verbandstag: Die Verhandlungen des elften ordentlichen Verbandstages der Deutschen Gewerkvereine abgehalten zu Mannheim vom 6. bis 13. Juni 1892, Berlin 1892, S. 15 f.

55 Vgl. Quellensammlung GDS, III. Abt., Bd. 4, S. XLIX–L.

56 Vgl. Quellensammlung GDS, I. Abt., Bd. 4, Nr. 10, Nr. 84; II. Abt., Bd. 4, Nr. 29.

57 Vgl. Quellensammlung GDS, III. Abt., Bd. 5, Nr. 4.

58 Ebenda, Nr. 8–10, Nr. 14.

59 Vgl. den Dankesbrief von Hanna Bieber-Boehm im Namen des Bunds deutscher Frauenvereine vom 8.3.1899 an Max Hirsch, Bundesarchiv N 2117 Nr. 25, fol. 9; vgl. die Rede Max Hirschs zur Fabrikinspektion im preußischen Abgeordnetenhaus, Stenographische Berichte über die Verhandlungen des preußischen Hauses der Abgeordneten, 7.2.1900, Sp. 1058–1059.

60 Vgl. Quellensammlung GDS, I. Abt., Bd. 8, Nr. 112, Nr. 120.

61 Vgl. Quellensammlung GDS, III. Abt., Bd. 3, Nr. 138.

62 Vgl. Ursula Ratz, Sozialreform und Arbeiterschaft, Berlin 1980, S. 34–47.

63 Max Hirsch, Das Verbot der Nachtarbeit. Bericht, erstattet an den internationalen Kongreß für gesetzlichen Arbeiterschutz in Paris, in: Jahrbuch für Gesetzgebung, Verwaltung und Volkswirtschaft NF 25 (1901), S. 67–116; vgl. Quellensammlung GDS, III. Abt., Bd. 3, Nr. 150.

64 Vgl. Karl Birker, Die deutschen Arbeiterbildungsvereine 1840–1870, Berlin 1973, S. 60, S. 207–211.

65 Horst Dräger, Die Gesellschaft für Verbreitung von Volksbildung. Eine historisch-problemgeschichtliche Darstellung von 1871–1914, Stuttgart 1975, S. 162.

66 Ebenda, S. 80; vgl. Gleichauf (wie Anm. 33), S. 119.

67 Zitiert nach: Die Humboldt-Akademie in Berlin, in: Die

Gartenlaube, 1882, Heft 14, S. 239. Hirschs »Plan« ist in keiner öffentlichen Bibliothek überliefert.

68 Vgl. Max Hirsch, Wissenschaftlicher Centralverein und Humboldt-Akademie. Skizze ihrer Thätigkeit und Entwicklung 1878–1896, Ein Beitrag zur Volkshochschul-Frage, Berlin 1896; vgl. die Dissertation des Enkels Konrad Hirsch, Die Humboldt-Hochschule, Freie Volkshochschule Groß-Berlin und die Volkshochschulfrage, Gießen 1927.

69 Max Hirsch, Volkshochschulen. Ihre Ziele, Organisation, Entwicklung, Propaganda, Berlin 1901, S. 7.

70 Ebenda, S. 9.

71 Ebenda, S. 20 f.

72 Ebenda, S. 10.

73 Vgl. die Korrespondenzen im Nachlass, insbesondere in: Bundesarchiv N 2117, Nr. 26–27.

74 Richard Grelling (1853–1929) war der Sohn des Bankiers Julius Grelling, dessen Bruder Seroni mit Hirschs Schwester Emilie verheiratet war; Martin Philippson (1846–1916) war ein Sohn des oben erwähnten Rabbiners Ludwig Philippson (vgl. Anm. 5).

75 Stenographische Berichte über die Verhandlungen des preußischen Hauses der Abgeordneten, 23.3.1899, Sp. 1705 f. und Sp. 1711 f.

76 Die Unparteilichkeit des Dr. Max Hirsch, in: Die Hilfe, Nr. 45 vom 2.12.1900, S. 10.

77 Vgl. Dr. Max Hirsch, in: Allgemeine Zeitung des Judentums, 2.1.1903, S. 4 f.; vgl. Karl Hahn/Karl Goldschmidt (wie Anm. 20); vgl. Aus der Humboldt-Akademie. Dem Generalsekretär Herrn Dr. Max Hirsch zu seinem 70. Geburtstage, Berlin 1902.

78 Bundesarchiv N 2117, Nr. 32, fol. 17–18.

79 Stenographische Berichte über die Verhandlungen des preußi-

schen Hauses der Abgeordneten, 27.3.1905, Sp. 12191–12202, hier Sp. 12202.

80 Nachrufe: Max Hirsch, in: (Berliner) Volks-Zeitung, 26.6.1905; W(ilhelm) B(los), Die Harmonie-Apostel, in: Leipziger Volks-Zeitung, 29.6.1905, Feuilleton-Beilage; August Bebel, Max Hirsch, in: Volksrecht (Zürich), 29.6.1905, abgedruckt bei Gustav Seeber, August Bebel und Max Hirsch. Vier unveröffentlichte Briefe August Bebels aus den Jahren 1865–1868, in: Zeitschrift für Geschichtswissenschaft 14 (1966), S. 778–780; Allgemeine Zeitung des Judentums, 30.6.1905, S. 2; Dr. Max Hirsch, in: Der Gewerkverein 37 (1905), S. 215; Frankfurter Israelitisches Familienblatt, 30.6.1905; Preßstimmen zum Tode des Anwalts, in: Der Gewerkverein 37 (1905), S. 280–282.

81 Der Gewerkverein 37 (1905), S. 223.

82 Vgl. zur Trauerfeier: Der Gewerkverein 37 (1905), S. 221–224; Allgemeine Zeitung des Judentums, 7.7.1905, S. 2; Der Regulator 22 (1905), S. 210 f.

83 Dr. Max Hirsch. Gedenkfeier zum 100. Geburtstag am 30. Dezember 1932 im Verbandshaus der Deutschen Gewerkvereine in Berlin, o.O., o.J. (Berlin 1933).

## Quellen und Literatur

Ein geschlossener Nachlass von Max Hirsch existiert nicht. Im Bundesarchiv Berlin befindet sich ein Nachlasssplitter, der hauptsächlich aus Briefen an Max Hirsch besteht (Bundesarchiv N 2117).

## Verwendete Archivalien

Archiv der Humboldt-Universität Berlin, Nr. 630/41, Rektorat; Rektor & Senat, Abgangszeugnisse vom 8.11.1852.

Bundesarchiv Berlin N 2117, Nr. 25-27 und Nr. 32; R 101, Nr. 469.

Landesarchiv Sachsen-Anhalt, Abteilung Magdeburg, C 125 Magdeburg, Tit. XII, Nr. 29 und Nr. 33.

Stadtarchiv Halberstadt, Jü 001.

Stadtarchiv Magdeburg, Rep. 45, Firmenregister Bd. I Nr. 386 und Nr. 723.

Universitätsarchiv Greifswald, Phil. Fak. I-97.

Universitätsarchiv Heidelberg, Matrikel.

Universitätsarchiv Tübingen, 40/94, 200.

## Literaturhinweise

Engelhardt, Ulrich, »Nur vereinigt sind wir stark«. Die Anfänge der deutschen Gewerkschaftsbewegung 1862/63 bis 1869/70, 2 Bde., Stuttgart 1977.

Fleck, Hans-Georg, Sozialliberalismus und Gewerkschaftsbewegung. Die Hirsch-Dunckerschen Gewerkvereine 1868–1914, Köln 1994.

Hahn, Karl/Goldschmidt, Karl, Festschrift. Dem Anwalt der Deutschen Gewerkvereine Herrn Dr. Max Hirsch zum siebenzigsten Geburtstag 30. Dezember 1902, Berlin 1902.

Kieseritzky, Wolther von, Liberalismus und Sozialstaat. Liberale Politik in Deutschland zwischen Machtstaat und Arbeiterbewegung (1878–1893), Köln/Weimar/Wien 2002.

Pache, Oskar, Max Hirsch. Ein Bild seines Lebens und Wirkens, Bremerhaven und Leipzig o.J. (1894).

Quellensammlung zur Geschichte der deutschen Sozialpolitik 1867 bis 1914, sämtliche Bände der I. bis III. Abteilung, 1993 ff.

Seeber, Gustav, Zwischen Bebel und Bismarck. Zur Geschichte des Linksliberalismus in Deutschland 1871–1893, Berlin (DDR) 1965.

Tober, Holger J., Deutscher Liberalismus und Sozialpolitik in der Ära des Wilhelmismus, Husum 1999.

## Schriften von Max Hirsch

(Auswahl selbstständiger Veröffentlichungen)

De machinarum vi in quantitatem productionis. Dissertatio inauguralis politico-oeconomica, Greifswald 1855.

Skizze der volkswirthschaftlichen Zustände von Algerien. Mit Rücksicht auf die deutsche Auswanderung, Göttingen 1857.

Reise in das Innere von Algerien, durch die Kabylie und Sahara, Berlin 1862.

Normal-Statut für Einigungsämter, Berlin 1872.

Die gegenseitigen Hülfskassen und die Gesetzgebung, Berlin 1875.

(zusammen mit Hugo Polke) Gewerkvereins-Leitfaden. Eine Aufklärung für Jedermann über die Ziele, Organisation und

Leistungen der Deutschen Gewerkvereine nebst einer Anleitung zur Gründung neuer Ortsvereine, Berlin 1876.

Was bezwecken die Gewerkvereine? Ein Merk- und Mahnwort für alle deutschen Handwerker und Arbeiter, Berlin 1879.

Die Deutschen Gewerkvereine und ihr neuester Gegner. Zur Abwehr gegen die Angriffe des Herrn Prof. L. Brentano und zur Aufklärung über die Geschichte und Leistungen der Gewerkvereine, Berlin 1879.

Die Perle der Deutschen Gewerkvereine. Allen deutschen Handwerkern und Arbeitern zu Nutz und Frommen, Berlin 1880.

(zusammen mit Ferdinand Wöllmer und Ernst Ludwig Wulff) Die Deutschen Gewerkvereine und die Baare'sche Denkschrift, Berlin 1880.

(zusammen mit Hugo Kamin) Das Reichs-Unfallversicherungs-Gesetz und die Arbeiter, Berlin 1881.

Der Staat und die Versicherung, Berlin 1881.

Das Krankenversicherungs-Gesetz vor dem Reichstage, Berlin 1883.

Die hauptsächlichen Streitfragen der Arbeiterbewegung, Berlin 1886; franz: Les associations ouvrières et le socialisme, traduction de l'allemand par M[artin] Philippson, Verviers 1887.

Die Grundzüge der Alters- u. Invalidenversicherung und die Arbeiter, Berlin 1888.

Arbeiterstimmen über Unfall- und Krankheitsverhütung, Berlin 1889.

Arbeiterschutz, insbesondere Maximalarbeitstag, vom Standpunkte der Deutschen Gewerkvereine, Berlin 1890.

Das Invaliditäts- und Altersversicherungs-Gesetz, Breslau 1890.

Die Krankenversicherungs-Novelle und die freien Hülfskassen, Berlin 1891.

Die Arbeiterschutz-Gesetzgebung, Breslau 1891.

Die Arbeiter-Bewegung und Organisation in Deutschland, Berlin 1892.

Leitfaden mit Muster-Statuten für freie Hülfskassen, Berlin 1892.

Die Arbeiterfrage und die Deutschen Gewerkvereine. Festschrift zum fünfundzwanzigjährigen Jubiläum der Deutschen Gewerkvereine (Hirsch-Duncker), Leipzig 1893.

Die Entwicklung der Arbeiterberufsvereine in Großbritannien und Deutschland, Berlin 1896.

Die Deutschen Gewerkvereine, die Besserung der Arbeitsverhältnisse und die Sozialpolitik. Ein Wort der Abwehr und Klärung an die deutschen Arbeiter, Berlin 1896.

Wissenschaftlicher Centralverein und Humboldt-Akademie. Skizze ihrer Thätigkeit und Entwicklung 1878–1896, Ein Beitrag zur Volkshochschul-Frage, Berlin 1896.

Volkshochschulen. Ihre Ziele, Organisation, Entwicklung, Propaganda, Berlin 1901.

Leitfaden zum Gewerbegerichtsgesetze mit besonderer Berücksichtigung der Verhältniswahl und der Einigungsämter, Berlin 1902.

Der gesetzliche Arbeiterschutz im Deutschen Reiche, Berlin 1903.

## Abbildungsnachweis

Cover: Aus der Humboldt-Akademie. Dem Generalsekretär Herrn Dr. Max Hirsch zu seinem 70. Geburtstage, Berlin 1902.
S. 9. Stadtarchiv Halberstadt, Jü 001.
S. 17. Privatbesitz Astrid Mehmel, Bonn.
S. 24. Deutsches Historisches Museum, N 86/12.a–b.
S. 38. Bundesarchiv, R 101, Nr. 469, S. 63.
S. 47. Foto Wolfgang Ayaß.
S. 56. Der Gewerkverein 37 (1905), 30. Juni 1905.
S. 58. Foto Wolfgang Ayaß.
S. 60. Foto Wolfgang Ayaß.

## Dank

Mein Dank gilt den beteiligten Archiven, insbesondere Gabriele Bremer vom Stadtarchiv Halberstadt und Barbara Welker vom Centrum Judaicum in Berlin, aber auch den Universitätsarchiven in Berlin, Greifswald, Heidelberg und Tübingen. Außerdem danke ich Wilfried Rudloff, Gisela Rust, Clara Steube und Florian Tennstedt von der »Quellensammlung zur Geschiche der deutschen Sozialpolitik 1867 bis 1914«. Astrid Mehmel, Bonn, danke ich für die Überlassung der Fotografie von Max Hirsch auf Seite 17.

Der Deutsche Gewerkschaftsbund unterstützte die Veröffentlichung mit einem Druckkostenzuschuss.

# Über den Autor

**Wolfgang Ayaß**
geboren 1954 in Marbach am Neckar. Sozialarbeiter und Historiker, Dr. phil., außerplanmäßiger Professor am Fachbereich Humanwissenschaften der Universität Kassel, Arbeitsstellenleiter der »Quellensammlung zur Geschichte der deutschen Sozialpolitik 1867 bis 1914« der Akademie der Wissenschaften und der Literatur (Mainz). Zahlreiche Veröffentlichungen zur Geschichte der Sozialpolitik bzw. der Sozialarbeit.

Jüdische Miniaturen Band 103
80 Seiten, 11 Abbildungen, Broschur
ISBN 978-3-942271-06-6
Euro 8,90